NAJLEPSZY PRZEWODNIK PO KOKTAJLACH BOTANICZNYCH

100 szybkich i łatwych napojów typu „od ogrodu do szkła".

Anastazja Chmielewska

Prawa autorskie ©2024

Wszelkie prawa zastrzeżone

Żadna część tej książki nie może być wykorzystywana ani rozpowszechniana w jakiejkolwiek formie i w jakikolwiek sposób bez odpowiedniej pisemnej zgody wydawcy i właściciela praw autorskich, z wyjątkiem krótkich cytatów użytych w recenzji. Niniejsza książka nie powinna być traktowana jako substytut porady lekarskiej, prawnej lub innej porady zawodowej.

SPIS TREŚCI

SPIS TREŚCI 3
WSTĘP 6
WÓDKA 7
   1. Wódka Czosnkowo-Habanero 8
   2. Lawenda-Rozmaryn Ikier _ 10
   3. Orzeźwiająca wódka arbuzowa 12
   4. Orzech likier 14
   5. Likier bananowy 16
   6. Ikier lukrecjowy _ 18
   7. Likier śliwkowy 20
   8. Likier mandarynkowy 22
   9. Likier ziele angielskie 24
   10. Ikier lawendowy _ 26
   11. Likier z zielonej herbaty 28
   12. Likier cynamonowy 30
   13. Likier waniliowo-kawowy 32
   14. Likier M int 34
   15. Likier ze słodkiej pomarańczy i goździków 36
   16. Truskawki i limoncello 38
   17. Gorący cydr z masłem 40
   18. Likier miętowy schnapps 42
   19. Likier limonkowy 44
   20. Pikantny likier ziołowy 46
   21. Likier Ananasowy 48
   22. Wódka z dodatkiem malin 50
   23. Likier z papai 52
   24. Likier jagodowy 54
   25. Likier czekoladowy 56
   26. likier kokosowy 58
   27. Likier Curacao 60
   28. Likier grejpfrutowy 62
   29. Likier miodowy 64
   30. Likier herbaciany 66
   31. Likier miętowy 68
   32. Likier Angelika 70
   33. Likier jagodowy i pomarańczowy 72
   34. Kminek _ likier 74
   35. Likier jabłkowy _ 76
   36. P każdy likier wódkowy 78
   37. Aquavit wódka 80
   38. Cytryna wódka 82
   39. Pomarańczowy Gorzkie 84

40. Truskawka Wanilia wódka 86
41. Cytrynowy Likier granatowy 88
42. Jeżyna Pomarańczowy Natchniony wódka 90
43. pianka wódka 92

TEQUILA 94
44. Trawa Cytrynowa-Imbir likier 95
45. Likier Margarita 97
46. Meksykański poncz herbaciany 99
47. Papryczka jalapeno Limonka Tequila 101
48. Ananas I Serrano Tequila 103
49. Ożywić Trawa cytrynowa Tequila 105
50. Likier migdałowo- złoty 107

RUM 109
51. Kawa Likier 110
52. Banan i kokos likier 112
53. Przyprawiony Rum 114
54. Jaśmin herbata likier 116
55. Mokka krem likier 118
56. szwedzki owoc W likier 120
57. Syrop żurawinowy 122
58. Kremowy likier rumowy 124
59. Ananas Rum 126
60. Cytrus Sangria 128
61. Owoc Dziurkacz 130

WHISKY 132
62. Cytrynowy Natchniony Burbon 133
63. Staromodny z dodatkiem bekonu 135
64. Likier brzoskwiniowo-cynamonowy 137
65. Likier czekoladowo-kremowy 139
66. Bing Wiśnia _ likier 141
67. Pomarańcza i miód Likier _ 143
68. Polecam likier śmietankowy 145
69. Żurawina Pomarańczowy Whisky 147
70. Kawa-Wanilia Burbon 149
71. Wiśnia wanilia Burbon 151
72. Jabłko-Cynamon Whisky 153
73. Wanilia Fasola Burbon 155

GIN 157
74. Martini Cajun 158
75. Żurawina Gin 160
76. Pomander Gin 162
77. Cytrynowy Ożywić Kardamon Gin 164
78. Jabłko I Gruszka Gin 166

79. Zielony Herbata Gin 168
BRANDY **170**
80. Mandarynka _ Likier 171
81. Likier Amaretto 173
82. Likier morelowy 175
83. Malina likier 177
84. Brandy jabłkowo-cynamonowa 179
85. Kalifornia jajeczny 181
86. wiśnia Brandy 183
87. Likier Migdałowy 185
88. Likier gruszkowy 187
89. Ożywić Likier 189
90. Kawa wanilia likier 191
91. Kardamon-rys Brandy 193
92. Śliwka-Cynamon Brandy 195
93. Chai-Gruszka Brandy 197
KONIAK **199**
94. Wielki likier pomarańczowo-koniakowy 200
95. Świeże figi Curacao 202
96. Napar z Chai Koniak 204
97. Z dodatkiem wiśni Koniak 206
98. Figowy i Grand Marnier 208
99. Brzoskwinia Natchniony Koniak 210
100. Likier Ananasowo-Pomarańczowy Bitters 212
WNIOSEK **214**

WSTĘP

Wejdź do czarującego świata, w którym najświeższe zioła, owoce i cuda botaniczne łączą się, tworząc symfonię smaków w „NAJLEPSZY PRZEWODNIK PO KOKTAJLACH BOTANICZNYCH". Ten przewodnik to Twoja przepustka do krainy miksologii od ogrodu po szkło, w której zapraszamy Cię do zapoznania się ze 100 szybkimi i łatwymi przepisami, które przemienią Twoje ulubione alkohole w urzekające mikstury.

W tej botanicznej przygodzie świętujemy tętniące życiem skrzyżowanie natury i miksologii, pokazując, jak zioła z Twojego ogrodu mogą wynieść Twoją grę koktajlową na nowy poziom. Wyobraź sobie słoneczne popołudnia, delikatny wietrzyk niosący zapach kwitnących kwiatów i brzęk kostek lodu w szklance wypełnionej eliksirem o świeżym zapachu ogrodu. To zmysłowe doświadczenie, które wykracza poza zwykłe, zachęcające do rozkoszowania się pięknem roślinnych składników w każdym łyku.

Niezależnie od tego, czy jesteś doświadczonym miksologiem, czy domowym barmanem, który chce dodać odrobinę botanicznego blasku do swojego repertuaru, ten przewodnik ma inspirować i zachwycać. Od klasycznych kombinacji po innowacyjne zwroty akcji, każdy przepis jest świadectwem kunsztu koktajli botanicznych, dzięki czemu są one dostępne zarówno dla nowicjuszy, jak i entuzjastów.

Zatem chwyć mieszadło, wybierz ulubione zioła i wyrusz w podróż pełną smaku, aromatu i wizualnej rozkoszy, zagłębiając się w „Najlepszy przewodnik po koktajlach botanicznych".

WÓDKA

1. Wódka Czosnkowo-Habanero

SKŁADNIKI:
- 1 papryczka habanero
- 1 główka czosnku, oddzielona i obrana
- Wódka butelkowa o pojemności 750 mililitrów

INSTRUKCJE:
a) Umieść czosnek i paprykę habanero w słoiku Mason.
b) Napełnij słoik wódką. Zamknij i dobrze wstrząśnij.
c) Strome przez 3 do 5 godzin.
d) Wódkę przecedź przez sitko o drobnych oczkach.

2.Lawenda-Rozmaryn Ikier

SKŁADNIKI:
- Wódka butelkowa o pojemności 750 mililitrów
- 1 gałązka świeżego rozmarynu, opłukana
- 2 gałązki świeżej lawendy, opłukane

INSTRUKCJE:
a) Umieść zioła w słoiku Mason.
b) Wódkę wlej do słoika.
c) Wstrząśnij kilka razy i zaparzaj przez trzy do pięciu dni.
d) Odcedź zioła.

3.Orzeźwiająca wódka arbuzowa

SKŁADNIKI:
- Wódka butelkowa o pojemności 750 mililitrów
- 1 arbuz pokrojony w kostkę

INSTRUKCJE:
a) W słoiczku infuzyjnym umieść pokrojonego w kostkę arbuza.
b) Owoce zalej wódką i potrząśnij kilka razy.
c) Zamknąć pokrywkę i parzyć przez 4 do 6 dni.
d) Wstrząsaj raz lub dwa razy dziennie.
e) Odcedź arbuza od wódki.

4.Orzech likier

SKŁADNIKI:
- 2 funty niesolonych, nieblanszowanych migdałów, posiekanych
- 1 szklanka cukru
- 1 butelka wódki
- Syrop cukrowy

INSTRUKCJE:
a) Do słoika włóż posiekane orzechy, dodaj cukier i wódkę.
b) Zaparzaj przez miesiąc, codziennie potrząsając.
c) Odcedź orzechy.
d) Dodaj syrop cukrowy.

5.Likier bananowy

SKŁADNIKI:
- 2 dojrzałe banany, obrane i rozgniecione
- 3 szklanki wódki
- 1 szklanka cukru
- 1 łyżeczka ekstraktu waniliowego
- 1 szklanka wody

INSTRUKCJE:
a) Wymieszaj puree bananowe, wódkę i wanilię.
b) Parzyć przez 1 tydzień.
c) Odcedź.
d) Połącz cukier i wodę na patelni.
e) Doprowadzić do wrzenia na średnim ogniu.
f) Gotuj, aż cukier się rozpuści.
g) Dodaj syrop cukrowy.
h) Rozlać do butelek i szczelnie zakręcić .
i) Parzyć co najmniej 1 miesiąc przed podaniem.

6. lkier lukrecjowy

SKŁADNIKI:
- 2 łyżki zmielonego anyżu gwiazdkowatego
- 3 szklanki wódki
- 2 szklanki cukru
- 1 szklanka wody

INSTRUKCJE:
a) Anyż gwiazdkowaty wymieszać z wódką i zaparzać przez 2 tygodnie.
b) Odcedź anyż gwiazdkowaty.
c) Na patelni zagotuj cukier i wodę.
d) Gotuj, aż cukier się rozpuści.
e) Połącz mieszaninę syropu cukrowego i wódki.
f) Rozlać do butelek i szczelnie zakręcić.
g) Parz co najmniej miesiąc przed podaniem.

7. Likier śliwkowy

SKŁADNIKI:
- 1 funt świeżych, fioletowych śliwek
- 2 szklanki wódki
- 1 szklanka cukru
- 1 1-calowa filiżanka wody z laską cynamonu
- 4 całe goździki

INSTRUKCJE:
a) Wydrąż śliwki i pokrój je w 1-calowe kawałki.
b) Połącz śliwki, cukier, laski cynamonu, goździki i wódkę.
c) Przykryj i odstaw na 2 miesiące.
d) Od czasu do czasu potrząsaj słojem.
e) Odcedź płyn.
f) Rozlać do butelek i szczelnie zakręcić.
g) Parzyć co najmniej 1 miesiąc przed podaniem.

8.Likier mandarynkowy

SKŁADNIKI:
- 6 mandarynek
- 2 szklanki wódki
- ½ szklanki) cukru
- ¾ szklanki wody

INSTRUKCJE:
a) Za pomocą obieraczki z obrotowymi ostrzami obierz mandarynki, zeskrobując jedynie skórkę, unikając białej błony.
b) Skórki włóż do słoika z wódką.
c) Szczelnie zakręcić i odstawić w chłodne, ciemne miejsce na 3 tygodnie.
d) Od czasu do czasu potrząsaj słojem.
e) Odcedź płyn.
f) Połącz cukier i wodę na patelni.
g) Doprowadzić do wrzenia na średnim ogniu.
h) Gotuj, aż cukier się rozpuści.
i) Ostudzić, a następnie dodać syrop cukrowy.
j) Rozlać do butelek i szczelnie zakręcić. Parzyć przez minimum 1 miesiąc.

9.Likier ziele angielskie

SKŁADNIKI:
- 3/4 łyżeczki _ _ mielone ziele angielskie
- 1 1/2 szklanki wódki
- 1/2 szklanki syropu cukrowego

INSTRUKCJE:
a) Składniki należy parzyć przez 10 dni.
b) Napięcie.
c) Dodaj syrop.
d) Dojrzałe przez 1-6 miesięcy.

10. Ikier lawendowy

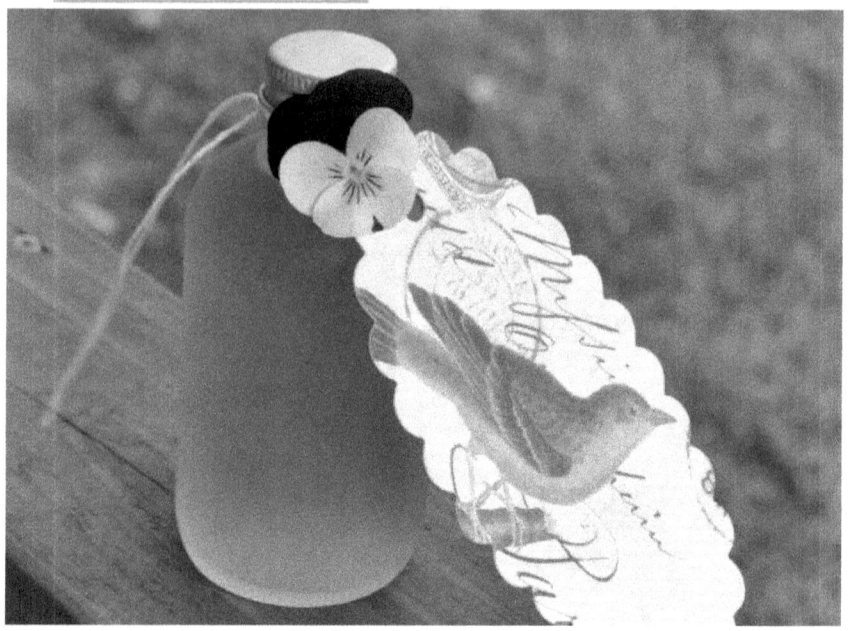

SKŁADNIKI:
- 6 łyżek stołowych Suszonych płatków lawendy _
- 1 Piąta wódka 80-proof
- 1 szklanka syropu cukrowego

INSTRUKCJE:
a) Zanurz płatki w wódce przez tydzień.
b) Przecedź przez gazę.
c) Dodaj syrop cukrowy i ciesz się smakiem .

11. Likier z zielonej herbaty

SKŁADNIKI:
- 6 łyżek do herbaty liści zielonej herbaty
- 3 szklanki wódki
- 1 szklanka syropu
- 2 krople zielonego barwnika spożywczego

INSTRUKCJE:
a) Połączyć i zaparzać liście herbaty w wódce przez 24 godziny.
b) Po dodaniu liści dobrze wstrząśnij słojem.
c) Następnego dnia dodać słodzik i pokolorować.

12. Likier cynamonowy

SKŁADNIKI:
- 1 laska cynamonu
- Goździki
- 1 łyżeczka Zmielonych nasion kolendry
- 1 szklanka wódki
- ½ szklanki brandy
- ½ szklanki syropu cukrowego

INSTRUKCJE:
a) Wszystkie składniki należy zaparzać przez 2 tygodnie.
b) Odcedzić, aż będzie klarowny i dodać syrop cukrowy.
c) Pozwól mu parzyć przez 1 tydzień i jest gotowy do podania.

13. Likier waniliowo-kawowy

SKŁADNIKI:

- 1 ½ szklanki brązowego cukru; zapakowane
- 1 szklanka cukru granulowanego
- 2 szklanki wody
- ½ szklanki kawy rozpuszczalnej w proszku
- 3 szklanki wódki
- ½ laski wanilii; podział

INSTRUKCJE:

a) Cukier i wodę gotować przez 5 minut.
b) Stopniowo dodawaj kawę.
c) Wymieszaj wódkę i wanilię.
d) Strome przez 1 miesiąc.
e) Wyjmij laskę wanilii.

14. Likier Mint

SKŁADNIKI:
- 1¼ szklanki świeżych liści mięty, umytych i pociętych
- 3 szklanki wódki
- 2 szklanki cukru granulowanego
- 1 szklanka wody
- 1 łyżeczka gliceryny
- 8 kropli zielonego barwnika spożywczego
- 2 krople niebieskiego barwnika spożywczego

INSTRUKCJE:
a) Zaparzaj miętę i wódkę przez 2 tygodnie, okresowo potrząsając.
b) Odcedź i wyrzuć liście mięty z likieru.
c) Na patelni połącz cukier i wodę.
d) Doprowadzić do wrzenia, ciągle mieszając.
e) Dodaj glicerynę i barwnik spożywczy.
f) Ponownie stromuj przez 1-3 miesiące.

15. Likier ze słodkiej pomarańczy i goździków

SKŁADNIKI:
- 3 szklanki wódki
- 3 Całe słodkie pomarańcze pokroić w ósemki
- ½ cytryny
- 2 Całe goździki
- 1 szklanka podstawowego syropu cukrowego

INSTRUKCJE:
a) Wymieszaj wódkę, pomarańcze, cytrynę i goździki.
b) Parzyć przez 10 dni.
c) Odcedź i wyrzuć przesianą substancję stałą.
d) Dodaj syrop cukrowy.
e) Przecedzić do butelek i ponownie zaparzać przez 4 tygodnie.

16. Truskawki i limoncello

SKŁADNIKI:
- 30 Świeżych truskawek przekroić na połówki
- 4 łyżeczki likieru Limoncello
- Świeżo zmielony pieprz
- 4 łyżeczki świeżego soku pomarańczowego

INSTRUKCJE:
a) Połącz truskawki, sok pomarańczowy, likier i świeżo zmielony pieprz .
b) Parz przez minimum 30 minut.

17. Gorący cydr z masłem

SKŁADNIKI:
- 1 litr cydru jabłkowego
- 2 laski cynamonu
- ¼ szklanki jasnego syropu kukurydzianego
- 3 Całe goździki
- 2 plasterki cytryny
- 2 łyżki niesolonego masła
- 6 uncji likieru jabłkowego

INSTRUKCJE:
a) Na patelni wymieszaj cydr, syrop kukurydziany, masło, laski cynamonu, goździki i plasterki cytryny.
b) Podgrzewaj na małym ogniu, aż cydr będzie gorący, a masło się roztopi. Zdjąć z ognia.
c) Podczas podgrzewania cydru wlej jedną uncję likieru do każdego z 6 kubków lub żaroodpornych szklanek.
d) Gorący cydr rozlej do kubków i od razu podawaj.

18. Likier miętowy schnapps

SKŁADNIKI:
- ⅓ szklanki cukru granulowanego
- 1 6 uncji lekkiego syropu kukurydzianego
- 2 szklanki wódki 80-procentowej
- 2 łyżeczki ekstraktu z mięty pieprzowej

INSTRUKCJE:
a) Na patelni podgrzewaj cukier i syrop kukurydziany przez 5 minut.
b) Gdy cukier się rozpuści, dodać wódkę i dobrze wymieszać.
c) Zdejmij mieszaninę z ognia i przykryj pokrywką.
d) Ostudzić.
e) Do mieszanki dodaj ekstrakt z mięty pieprzowej i przelej do butelki.

19. Likier limonkowy

SKŁADNIKI:
- 2 Tuziny limonek, umytych i pokrojonych w plasterki
- ½ łyżeczki mielonego cynamonu
- 6 goździków
- 2 funty białego cukru
- 6 szklanek wódki 80-procentowej
- 2 szklanki wody
- Zielony barwnik spożywczy

INSTRUKCJE:
a) Połącz limonki, cynamon, goździki, wódkę, wodę i biały cukier.
b) Dobrze wstrząśnij, aż cukier się rozpuści. Okładka.
c) Odstawić na dwa tygodnie w chłodne miejsce.
d) Przecedź przez drobne sito.
e) Zdekantować, wlać klarowny płyn do butelek.

20. Pikantny likier ziołowy

SKŁADNIKI:
- 6 strąków kardamonu, usunięto nasiona
- 3 łyżeczki nasion anyżu, zmiażdżonych
- 2¼ łyżeczki posiekanego korzenia arcydzięgla
- 1 laska cynamonu
- 1 goździk
- ¼ łyżeczki Mace'a
- 1 Piąta wódka
- 1 szklanka syropu cukrowego
- Pojemnik: słoik o pojemności 1/2 galona

INSTRUKCJE:
a) Połącz wszystkie składniki.
b) Dobrze wstrząśnij i zaparzaj przez 1 tydzień.
c) Odcedź kilka razy.
d) Dodaj syrop cukrowy.

21. Likier Ananasowy

SKŁADNIKI:
- 1 Obrany słodki ananas; wydrążone i pokrojone w plasterki
- 1 butelka wódki; 750ml
- 2½ uncji wódki z dodatkiem ananasa
- ¾ uncji Grand Marnier

INSTRUKCJE:
a) Dojrzałego ananasa włóż do pojemnika i zalej butelką wódki.
b) Przechowywać w lodówce minimum 48 godzin.

22. Wódka z dodatkiem malin

SKŁADNIKI:
- Butelka wódki 25 uncji
- 1 - pół litra Maliny

INSTRUKCJE:
a) Połącz wódkę ze świeżymi malinami.
b) Parzyć przez 3 dni.

23. Likier z papai

SKŁADNIKI:
- 1 cząstka cytryny, oskrobana skórka
- 1 Papaja, obrana, usunięta z nasion i pokrojona w kostkę
- 1 szklanka wódki
- ¼ szklanki syropu cukrowego

INSTRUKCJE:
a) Zanurzaj papaję w wódce przez 1 tydzień.
b) Odcedź owoce, wyciskając sok.
c) Dodaj syrop cukrowy.

24. Likier jagodowy

SKŁADNIKI:
- 3 szklanki świeżych jagód, opłukanych i rozgniecionych
- 1 każdy goździk
- ½ szklanki syropu cukrowego
- 2 szklanki wódki
- 1 sztuka cytryny z krawędzią i oskrobaną skórką

INSTRUKCJE:
a) Połącz jagody z wódką, skórką cytryny i goździkami.
b) Strome przez 3 miesiące.
c) Odcedź ciała stałe.
d) Dodaj syrop cukrowy.

25. Likier czekoladowy

SKŁADNIKI:
- 2 łyżeczki czystego ekstraktu czekoladowego
- ½ łyżeczki czystego ekstraktu waniliowego
- 1 ½ szklanki wódki
- ½ szklanki syropu cukrowego
- ½ łyżeczki świeżej mięty
- 1 kropla ekstraktu z mięty pieprzowej

INSTRUKCJE:
a) Wszystkie składniki wymieszać i parzyć przez 2 tygodnie.
b) Dodaj miętę i ekstrakt z mięty pieprzowej.
c) Strome przez kolejne 2 tygodnie.

26.likier kokosowy

SKŁADNIKI:
- ½ szklanki brandy
- 2 szklanki pakowanego kokosa
- 4 nasiona kolendry
- ¼ łyżeczki ekstraktu waniliowego
- 3 szklanki wódki

INSTRUKCJE:
a) Dodać wszystkie składniki i parzyć przez 4 tygodnie.
b) Co kilka dni obracaj słoik.

27.Likier Curacao

SKŁADNIKI:
- 3 łyżki gorzkiej pomarańczy, obranej i podzielonej na segmenty
- 2⅔ szklanki wódki 80-procentowej
- 1⅓ szklanki wody
- 2 szklanki białego cukru
- 12 Całe goździki
- 1 łyżeczka mielonego cynamonu
- 2 łyżeczki całych nasion kolendry

INSTRUKCJE:
a) Do słoika włóż cząstki pomarańczy, skórkę gorzkiej pomarańczy, goździki, kolendrę i cynamon.
b) Wymieszaj cukier, wódkę i wodę.
c) Energicznie wstrząśnij, aż cukier się rozpuści.
d) Nalegaj do 5 tygodni.
e) Odcedź i pozostaw do ostygnięcia.

28. Likier grejpfrutowy

SKŁADNIKI:
- 6 grejpfrutów
- 3 szklanki wódki 80-procentowej
- 1 szklanka wody
- 2 łyżki całych nasion kolendry
- 1 łyżeczka mielonego cynamonu
- 4 szklanki cukru białego

INSTRUKCJE:
a) Połącz składniki.
b) Przykryj i zaparzaj przez kilka tygodni.
c) Odcedź i pozostaw likier klarowny przez tydzień do 10 dni.
d) Odlać klarowny likier.

29. Likier miodowy

SKŁADNIKI:
- 2 szklanki wódki
- ¾ funta miodu
- 1 długa skórka pomarańczy
- 1 szklanka wody, ciepłej, ale nie wrzącej
- 1 goździk
- 2 laski cynamonu, każda o długości 2 cali

INSTRUKCJE:
a) Rozpuść miód w wodzie.
b) Do wódki dodać mieszankę miodu, przyprawy i skórkę pomarańczową.
c) Niech strome, dobrze zakorkowane potrząsanie co kilka dni.
d) Parzyć przez 2 lub 3 tygodnie.
e) Odcedź ciała stałe.

30. Likier herbaciany

SKŁADNIKI:
- 2 łyżeczki liści czarnej herbaty
- 1 ½ szklanki wódki
- ½ szklanki syropu cukrowego

INSTRUKCJE:
a) Całość za wyjątkiem syropu należy zaparzać przez 24 godziny.
b) Odcedzić i dodać syrop cukrowy.
c) Parzyć przez 2 tygodnie.

31. Likier miętowy

SKŁADNIKI:
- 2 łyżeczki ekstraktu z mięty pieprzowej
- 3 szklanki wódki
- 1 szklanka syropu cukrowego

INSTRUKCJE:
a) Połączyć wszystkie składniki i wymieszać.
b) Parzyć przez 2 tygodnie.

32.Likier Angelika

SKŁADNIKI:
- 3 łyżki suszonego, posiekanego korzenia arcydzięgla
- 1 łyżka posiekanych migdałów
- 1 Jagoda ziela angielskiego, popękana
- ⅛ łyżeczki sproszkowanych nasion kolendry
- 1 łyżeczka _ _ suszone liście majeranku
- 1 sztuka laska cynamonu, złamana
- 1 ½ szklanki wódki
- ½ szklanki cukru granulowanego
- 6 nasion anyżu, zmiażdżonych
- ¼ szklanki wody
- 1 kropla każdego żółtego i zielonego barwnika spożywczego

INSTRUKCJE:
a) Połącz wszystkie zioła, orzechy i przyprawy z wódką.
b) Szczelnie zakręcić i wstrząsać codziennie przez 2 tygodnie.
c) Odcedź i wyrzuć substancje stałe.
d) Wyczyść pojemnik do moczenia i włóż płyn z powrotem do pojemnika.
e) Na patelni podgrzej cukier i wodę .
f) Dodać barwnik spożywczy i dodać do likieru.
g) Strome przez 1 miesiąc.

33. Likier jagodowy i pomarańczowy

SKŁADNIKI:
- 1 szklanka likieru o smaku pomarańczowym
- 1 szklanka wody
- 1 szklanka cukru
- 1 ½ funta świeżych jagód
- 20 główek świeżych kwiatów lawendy

INSTRUKCJE:
a) W rondelku wymieszaj likier, wodę i cukier.
b) Jeść, często mieszając, aż cukier się rozpuści.
c) Do gorących słoików włóż jagody, a do każdego 4 główki lawendy.
d) Gorący płyn przelewamy do słoików.
e) Słoiki podgrzewaj w gorącej łaźni wodnej przez 15 minut.

34.Kminek likier

SKŁADNIKI:
- 4 łyżki kminku, rozgniecionego lub na pół zmielonego
- 1 szklanka cukru
- 1 butelka wódki
- Słoik 1-litrowy

INSTRUKCJE:
a) Włóż nasiona do czystego słoika.
b) Dodać cukier i wódkę.
c) Wstrząsaj codziennie przez miesiąc.
d) Odcedź nasiona, dodaj cukier.

35. Likier jabłkowy

SKŁADNIKI:
- 2 funty kwaśnych/słodkich, aromatycznych jabłek, wydrążonych i posiekanych
- 1 szklanka cukru
- 1 butelka wódki
- 1 półlitrowy słoik

INSTRUKCJE:
a) Dodaj cukier i brandy i zamknij słoik pokrywką.
b) Wstrząsaj codziennie przez jeden do dwóch miesięcy.
c) Odcedź owoce, dodaj syrop cukrowy.

36.P każdy likier wódkowy

SKŁADNIKI:
- 2 funty dojrzałych brzoskwiń
- 1 szklanka cukru
- 1 butelka wódki

INSTRUKCJE:
a) Do słoika dodaj brzoskwinie, cukier i alkohol.
b) Przykryj i potrząśnij raz dziennie przez jeden do dwóch miesięcy.
c) odcedzić, następnie dosłodzić syropem cukrowym.
d) Te owoce są również ładne, lekko doprawione całymi przyprawami.

37. Aquavit wódka

SKŁADNIKI:

- 50 uncji dobrej jakości wódki
- 3 łyżki kminku , Opieczony
- 2 łyżki nasion kminku , Opieczony
- 2 łyżki nasion kopru , Opieczony
- 1 łyżka nasion kopru włoskiego , Opieczony
- 1 łyżka nasion kolendry , Opieczony
- 2 całe anyże gwiazdkowate
- 3 całe goździki
- Obierz ½ organicznej cytryny i pokrój ją w paski
- Obierz ½ organicznej pomarańczy i pokrój ją w paski
- 1 uncja prostego syropu

INSTRUKCJE:

a) Nasiona lekko rozgnieć w moździerzu, a następnie przełóż je do słoika infuzyjnego .
b) Dodaj anyż gwiazdkowaty, goździki, cytrynę i skórkę pomarańczową, a następnie wódkę.
c) Szczelnie zamknąć pokrywką i krótko wstrząsnąć.
d) Zaparzyć w temperaturze pokojowej nie krócej niż 2 tygodnie. Podczas zaparzania co 2 dni potrząsaj słojem.
e) Odcedź płyn.
f) Dodaj syrop cukrowy i butelkę.

38. Cytryna wódka

SKŁADNIKI:
- 750 ml wódki
- ¼ szklanki suszonej organicznej skórki cytryny

INSTRUKCJE:
a) Obierz 3 świeże organiczne cytryny, pokrój w cienkie paski, bez rdzenia
b) W półlitrowym słoiku Masona zalej wódką skórkę z cytryny i świeżą skórkę.
c) Przykryć i odstawić na 2 dni do maceracji.
d) Odcedź skórkę z cytryny.

39. Pomarańczowy Gorzkie

SKŁADNIKI:
- Zetrzeć skórkę z 3 organicznych pomarańczy, pokroić w cienkie paski
- ¼ szklanki suszonej organicznej skórki pomarańczowej
- 4 całe goździki
- 8 zielonych strąków kardamonu, popękanych
- ¼ łyżeczki nasion kolendry
- ½ łyżeczki suszonego korzenia goryczki
- ¼ łyżeczki całego ziela angielskiego
- 2 szklanki wódki wysokoprocentowej
- 1 szklanka wody
- 2 łyżki bogatego syropu

INSTRUKCJE:
a) Włóż skórkę pomarańczową, suszoną skórkę pomarańczową, przyprawy i korzeń goryczki do 1-litrowego słoika Mason.
b) Dodaj wódkę.
c) Załóż pokrywkę i zaparzaj przez 2 tygodnie.
d) Wstrząsaj raz dziennie.
e) Odcedź płyn do czystego 1-litrowego słoika Mason.
f) Przenieść substancję stałą na patelnię. Przykryj słoik i odłóż na bok.
g) Wlać wodę do ciał stałych na patelni i doprowadzić do wrzenia na średnim ogniu.
h) Przykryj patelnię, zmniejsz ogień do małego i gotuj na wolnym ogniu przez 10 minut.
i) Dodaj płyn i substancje stałe z patelni do kolejnego 1-litrowego słoika Masona.
j) Przykryj i zaparzaj przez tydzień, codziennie potrząsając słojem.
k) Odcedź ciała stałe za pomocą gazy i wyrzuć je. Do słoika z oryginalną mieszanką wódki dodaj płyn.
l) Dodaj bogaty syrop, dobrze wymieszaj, a następnie zamknij pokrywkę i potrząśnij, aby wymieszać i rozpuścić syrop.
m) Parzyć przez 3 dni.
n) Następnie zbierz wszystko, co wypłynie na powierzchnię i ponownie przeciśnij przez gazę.
o) Do butelkowania użyj lejka.

40.Truskawka Wanilia wódka

SKŁADNIKI:
- 1-litrowa wódka
- 2 szklanki truskawek, pokrojonych w plasterki
- 2 laski wanilii przecięte wzdłuż

INSTRUKCJE:
a) Dodaj truskawki do czystego szklanego słoika z ziarenkami wanilii.
b) Dodać wódkę i parzyć przez minimum 3 dni.
c) Odcedź i wyrzuć truskawki i laskę wanilii.
d) Odcedź kilka razy, aby usunąć cały osad.

41. Cytrynowy Likier granatowy

SKŁADNIKI:
- 1 szklanka nasion granatu
- 750 ml wódki
- 1 cytryna, pokrojona w ósemki

INSTRUKCJE:
a) Połącz wszystkie składniki w słoiczku.
b) Strome przez pięć dni, potrząsając każdego dnia,
c) Odcedź składniki naparu.

42. Jeżyna Pomarańczowy Natchniony wódka

SKŁADNIKI:
- 1 szklanka jeżyn
- 750 ml wódki
- 1 ekologiczna pomarańcza, pokrojona w ósemki

INSTRUKCJE:
a) Połącz wszystkie składniki w słoiczku.
b) Parzyć przez trzy dni, codziennie wstrząsając.
c) Odcedź składniki naparu.

43.pianka wódka

SKŁADNIKI:
- Marshmallows, pokrojone na kawałki
- wódka

INSTRUKCJE:
a) Włóż pianki do prasy francuskiej.
b) Do praski wlewamy wódkę, aż do zapełnienia pianek.
c) Parzyć przez minimum 12 godzin.
d) Odcedź i przechowuj.

TEQUILA

44. Trawa Cytrynowa-Imbir likier

SKŁADNIKI:
- 2 łodygi świeżej trawy cytrynowej, obrane i posiekane
- 1 świeży imbir
- 750-mililitrowa butelka tequili Blanco

INSTRUKCJE:
a) Trawę cytrynową i imbir umieść w słoiku.
b) Zalej zioła tequilą i wstrząśnij.
c) Szczelnie zamknij pokrywkę i przechowuj ją przez około 2 tygodnie.
d) Odcedź ciała stałe.

45.Likier Margarita

SKŁADNIKI:
- 1 skórka limonki; pocięte w ciągłą spiralę
- 1 butelka srebrnej tequili
- 1 skórka pomarańczy; pocięte w ciągłą spiralę
- 6 uncji Cointreau

INSTRUKCJE:
a) A dd cytrusy i skórkę limonki do tequili , a następnie dodaj Cointreau.
b) Przechowywać w lodówce przez minimum 1 dzień.
c) Usuń skórkę , jeśli likier zacznie robić się gorzki.

46. Meksykański poncz herbaciany

SKŁADNIKI:
- 2 szklanki tequili
- 2 filiżanki herbaty; Mocny, zimny
- 1 szklanka soku ananasowego
- ¼ szklanki miodu
- ¼ szklanki wody
- ¼ szklanki soku z limonki
- ¼ szklanki soku z cytryny
- 1 ½ łyżeczki cynamonu; Grunt
- 1 ½ łyżeczki Aromatycznego Bittersu

INSTRUKCJE:
a) Wymieszaj wszystkie składniki.
b) Podawać z lodem.

47. Papryczka jalapeno Limonka Tequila

SKŁADNIKI:
- 1 litr tequili Blanco
- 2 papryczki jalapeno pokrojone w krążki
- 2 limonki pokrojone w plasterki

INSTRUKCJE:
a) Składniki należy zaparzać przez minimum 12 godzin.
b) Odcedź i wyrzuć papryczki jalapeno i limonki.
c) Odcedź kilka razy, aby usunąć cały osad.
d) Zamknąć w czystym słoiku.

48. Ananas I Serrano Tequila

SKŁADNIKI:

- 750ml Tequili
- Papryczka chili Serrano; zaszczepione
- 1 gałązka estragonu
- 1 ananas; obrane, pozbawione gniazd nasiennych i pokrojone w kostkę

INSTRUKCJE:

a) Wymieszaj wszystkie składniki i dobrze wstrząśnij.
b) Parzyć przez 48 do 60 godzin.
c) Odcedź tequilę i zamroź ją na kolejne 12 godzin.
d) Podawać w kieliszku typu shot.

49. Ożywić Trawa cytrynowa Tequila

SKŁADNIKI:
- Butelka 750 ml najwyższej jakości tequili Blanco
- 2 łodygi trawy cytrynowej
- 1 świeży imbir

INSTRUKCJE:
a) Weź trawę cytrynową i zdejmij osłonkę.
b) Dodaj trawę cytrynową i plasterek imbiru.
c) Dodaj tequilę.
d) Parzyć przez 2 tygodnie.
e) Serwer po obciążeniu.

50. Likier migdałowo- złoty

SKŁADNIKI:
- 8 uncji Nieobrane migdały; opiekane i siekane
- ½ laski wanilii; podział
- 1 laska cynamonu; 3 cale
- 1 butelka złotej tequili
- 2 łyżki pikantnego syropu piloncillo
- ¼ łyżeczki czystego ekstraktu migdałowego

INSTRUKCJE:
a) Połącz orzechy, laskę wanilii i cynamon.
b) Dodać tequilę i parzyć przez 2 tygodnie.
c) Odcedź kilka razy.
d) Dodać syrop i ekstrakt migdałowy.
e) Przelej do słoika: i parz przez kolejne 2 tygodnie.

RUM

51. Kawa Likier

SKŁADNIKI:
- 1 przepis na kawę parzoną na zimno
- ½ szklanki wody
- ½ szklanki ciemnobrązowego cukru
- 1 szklanka ciemnego rumu
- ½ laski wanilii, podzielone

INSTRUKCJE:
a) Doprowadzić wodę i brązowy cukier do wrzenia na dużym ogniu.
b) Zagotować, wymieszać do rozpuszczenia cukru.
c) W słoiku połącz syrop cukrowy, rum i kawę.
d) Dodaj nasiona wanilii i strąk do mieszanki kawowej.
e) Załóż pokrywkę na słoik i zaparzaj przez minimum 2 tygodnie, raz dziennie potrząsając.
f) Wyjmij laskę wanilii.

52. Banan i kokos likier

SKŁADNIKI:
- ½ szklanki skondensowanego mleka
- 1 ½ szklanki rumu
- ½ szklanki wódki
- 2 dojrzałe banany; tłuczony
- ½ szklanki słodzonego skondensowanego mleka
- 2 łyżeczki ekstraktu kokosowego
- 1 szklanka kremu kokosowego

INSTRUKCJE:
a) Zmiksuj banany, ekstrakt kokosowy, rum, mleko i wódkę.
b) Dodać śmietankę kokosową i ponownie zmiksować.

53.Przyprawiony Rum

SKŁADNIKI:
- 1 cała gałka muszkatołowa
- 3 jagody ziela angielskiego
- 1 pępkowa pomarańcza, starta
- 1 laska wanilii przecięta wzdłuż
- 750-mililitrowa butelka dojrzałego rumu
- 2 całe goździki
- 1 strąk kardamonu
- 4 ziarna czarnego pieprzu
- Syrop z sorgo
- 1 laska cynamonu, zmiażdżona
- 1 gwiazdka anyżu

INSTRUKCJE:
a) Całą gałkę muszkatołową układamy na czystym ręczniku i uderzamy młotkiem.
b) Na patelnię włóż gałkę muszkatołową i wszystkie pozostałe przyprawy.
c) Lekko opiekaj przyprawy przez 2 minuty.
d) Zdjąć z ognia i ostudzić.
e) Przełożyć do młynka i zmiksować.
f) Włóż skórkę do 1-litrowego słoika Masona, dodaj rum i prażone przyprawy.
g) Zamknij pokrywkę, wstrząśnij, aby wymieszać i zaparzaj przez 24 godziny.
h) Przecedzić przyprawiony rum przez sitko.
i) Wlać do czystego szklanego słoika lub butelki i opatrzyć etykietą.

54. Jaśmin herbata likier

SKŁADNIKI:
- 1-litrowy ciemny rum
- ½ szklanki herbaty jaśminowej
- 1 szklanka syropu cukrowego

INSTRUKCJE:
a) Całość za wyjątkiem syropu należy zaparzać przez 24 godziny.
b) Dodaj syrop cukrowy.

55.Mokka krem likier

SKŁADNIKI:
- ¼ łyżeczki ekstraktu kokosowego
- 4 łyżeczki kawy rozpuszczalnej w proszku espresso
- 1 szklanka ciemnego rumu
- ½ łyżeczki mielonego cynamonu
- ½ łyżeczki ekstraktu waniliowego
- 1 szklanka gęstej śmietanki
- 1 puszka słodzonego mleka skondensowanego
- ¼ szklanki syropu o smaku czekoladowym

INSTRUKCJE:
a) Połącz wszystkie składniki w robocie kuchennym.
b) Pulsuj, aż mieszanina będzie gładka.

56. szwedzki owoc W likier

SKŁADNIKI:
- 1-litrowe jagody łuskane
- 1-litrowe maliny łuskane
- 1-litrowe truskawki łuskane
- 1-litrowa czerwona porzeczka
- 1 szklanka granulowanego cukru
- ⅔ szklanki brandy
- ⅔ szklanki jasnego rumu
- Bita śmietana do dekoracji

INSTRUKCJE:
a) W szklanej misce umieść jagody i czerwone porzeczki.
b) Dodać cukier, brandy i rum, od czasu do czasu mieszając.
c) Strome przez noc w lodówce.

57. Syrop żurawinowy

SKŁADNIKI:
- 8 szklanek surowej żurawiny, posiekanej
- 6 szklanek cukru
- 1 litr jasnego lub bursztynowego rumu

INSTRUKCJE:
a) W słoiku wymieszaj żurawinę, cukier i rum.
b) Zaparzaj przez 6 tygodni, codziennie potrząsając.
c) Odcedź kordiał.

58. Kremowy likier rumowy

SKŁADNIKI:
- 400 ml skondensowanego mleka
- 300 mililitrów śmietany
- 2 łyżeczki kawy rozpuszczalnej rozpuścić w przegotowanej wodzie
- 300 mililitrów mleka
- ¾ szklanki rumu
- 2 łyżki sosu czekoladowego

INSTRUKCJE:
a) Zmiksuj wszystkie składniki.
b) Podać schłodzone.

59. Ananas Rum

SKŁADNIKI:
- 1 ananas, wydrążony i pokrojony w słupki
- 1 litr białego rumu

INSTRUKCJE:
a) Połącz ananasa i rum w szklanym słoju i zamknij.
b) Parz przez minimum 3 dni.
c) Przecedź przez sito o drobnych oczkach i wyrzuć ananasa.
d) Zamknąć w czystym słoiku.

60. Cytrus Sangria

SKŁADNIKI:
- 750-mililitrowa butelka słodkiego Moscato
- 1 ½ szklanki soku ananasowego
- 1 szklanka białego rumu
- 1 szklanka kawałków ananasa
- 2 limonki pokrojone w plasterki
- 2 pomarańcze, pokrojone w plasterki

INSTRUKCJE:
a) Wszystkie składniki łączymy w dzbanku i mieszamy.
b) Przed podaniem przechowywać w lodówce minimum 2 godziny.

61. Owoc Dziurkacz

SKŁADNIKI:
- 6 szklanek ponczu owocowego
- 3 szklanki soku ananasowego
- 2 szklanki sznapsa brzoskwiniowego
- 2 szklanki białego rumu
- 1 szklanka napoju gazowanego cytrynowo-limonkowego
- ¼ szklanki soku z limonki
- 2 limonki, pokrojone i zamrożone
- 1 pomarańcza, pokrojona w plasterki i zamrożona

INSTRUKCJE:
a) W dzbanku połącz poncz owocowy, sok ananasowy, sznaps brzoskwiniowy, rum, napój gazowany i sok z limonki.
b) Mieszaj, aż dobrze się połączą, a następnie przykryj i przechowuj w lodówce, aż będzie ładne i zimne.
c) Wlać poncz owocowy do miski na poncz, następnie dodać zamrożone owoce.
d) Podawaj i ciesz się!

WHISKY

62. Cytrynowy Natchniony Burbon

SKŁADNIKI:
- 2 uncje likieru imbirowego
- 2 uncje bourbona
- ½ organicznej cytryny

INSTRUKCJE:
a) Do szklanki miksującej włóż likier imbirowy i cytrynę.
b) Dobrze ugniataj za pomocą muddlera.
c) Dodaj około filiżanki pokruszonego lodu i bourbon.
d) Dobrze wymieszaj, aż szklanka zamarznie.
e) Wlać do kieliszka koktajlowego lub kieliszka do wina; nie napinaj się.
f) Udekoruj plasterkiem cytryny.

63. Staromodny z dodatkiem bekonu

SKŁADNIKI:
BOURBON-BEKON:
- 4 plastry boczku, ugotowane i tłuste, zarezerwowane
- 750 ml. butelka bourbona

STAROMODNY:
- 2 krople Angostury Bitters
- 2 uncje bourbona z dodatkiem bekonu
- 1/4 uncji syropu klonowego

INSTRUKCJE:
DO BURBONU Z BEKONEM
a) Połącz bourbon i tłuszcz z bekonu w nieporowatym pojemniku.
b) Odcedź i zaparzaj przez 6 godzin w zamrażarce.
c) Usuń tłuszcz i odcedź mieszaninę z powrotem do butelki.

DO KOKTAJLU
d) Połącz bourbon z dodatkiem bekonu, syrop klonowy i Bitters z lodem.
e) Przecedzić do schłodzonej szklanki typu rocks wypełnionej lodem.

64. Likier brzoskwiniowo-cynamonowy

SKŁADNIKI:
- 1 ½ funta brzoskwiń; obrane i pokrojone w plasterki
- 1 ½ szklanki cukru
- 4 Skórka cytryny; paski
- 3 Całe goździki
- 2 laski cynamonu
- 2 szklanki Bourbona

INSTRUKCJE:
a) Wszystkie składniki połączyć i podgrzewać przez 40 minut, aż cukier się rozpuści, mieszając dwukrotnie.
b) Przykryj i odstaw na 3 do 4 dni.
c) Odcedź przed użyciem.

65. Likier czekoladowo-kremowy

SKŁADNIKI:
- 2 szklanki gęstej śmietanki
- 1 szklanka whisky
- ¼ szklanki niesłodzonego kakao w proszku
- 14 uncji słodzonego skondensowanego mleka
- 1 ½ łyżki ekstraktu waniliowego
- 1 łyżka stołowa espresso w proszku
- 1 łyżka ekstraktu kokosowego

INSTRUKCJE:
a) W robocie kuchennym zmiksuj wszystkie składniki, aż będą gładkie.

66. Bing Wiśnia likier

SKŁADNIKI:
- 2 plasterki cytryny
- 1 Piąte VO
- Bingowe wiśnie
- 2 łyżki cukru

INSTRUKCJE:
a) Każdy słoik napełnij do połowy wiśniami.
b) Do każdego dodać po plasterku cytryny i łyżkę cukru.
c) Następnie dopełnij do pełna VO, zamknij szczelnie pokrywkę, wstrząśnij i zaparzaj w chłodnym miejscu przez 6 miesięcy.

67. Pomarańcza i miód Likier

SKŁADNIKI:
- 1 butelka whisky
- 2 szklanki miodu z kwiatów pomarańczy
- skórka z 2 pomarańczy lub mandarynek
- 4 łyżki nasion kolendry, rozgniecionych

INSTRUKCJE:
a) Wymieszaj wszystko w słoiku.
b) Zamknij pokrywkę i potrząsaj raz dziennie przez miesiąc.
c) Odcedź i rozlej likier do butelek.

68. Polecam likier śmietankowy

SKŁADNIKI:
- 1¼ szklanki irlandzkiej whisky
- 14 uncji słodzonego skondensowanego mleka
- 1 szklanka gęstej śmietanki
- 4 jajka
- 2 łyżki syropu o smaku czekoladowym
- 2 łyżeczki kawy rozpuszczalnej
- 1 łyżeczka ekstraktu waniliowego
- ½ łyżeczki ekstraktu migdałowego

INSTRUKCJE:
a) Wszystkie składniki zmiksuj w blenderze, aż będą gładkie.

69.Żurawina Pomarańczowy Whisky

SKŁADNIKI:
- 2 laski cynamonu
- ½ szklanki świeżej żurawiny
- 1 pomarańcza, pokrojona w ósemki
- 1-litrowa whisky

INSTRUKCJE:
a) Połącz żurawinę, pomarańczę, whisky i laskę cynamonu w szklanym słoju.
b) Parz przez minimum 3 dni.
c) Odcedź i wyrzuć żurawinę, pomarańcze i cynamon.
d) Zamknąć w czystym słoiku.

70. Kawa-Wanilia Burbon

SKŁADNIKI:

- 2 wanilia fasola , podzielona
- 1/2 filiżanka Kawa fasolki nieznacznie zgnieciony
- 32 uncje whisky _

INSTRUKCJE:

a) Wszystko wymieszać i zaparzyć w chłodnym, ciemnym miejscu na minimum 2 dni.

71.Wiśnia wanilia Burbon

SKŁADNIKI:
- 2 wanilia fasola , podzielona
- 8 uncje wysuszony Lub świeży wiśnie
- 32 uncje whisky _

INSTRUKCJE:
a) Wszystko wymieszać i zaparzyć w chłodnym, ciemnym miejscu na minimum 2 dni.

72. Jabłko-Cynamon Whisky

SKŁADNIKI:
- 2 jabłka, obrane I posiekana
- A garść z cynamon patyki
- 32 uncje whisky _

INSTRUKCJE:
a) Wszystko wymieszać i zaparzyć w chłodnym, ciemnym miejscu na minimum 2 dni.

73. Wanilia Fasola Burbon

SKŁADNIKI:
- 8 uncji twojego ulubionego Bourbona
- 2 laski wanilii przecięte wzdłuż

INSTRUKCJE:
a) Wszystko wymieszać i parzyć przez 4 dni.
b) Wstrząśnij kilka razy dziennie, aby nastąpił napar.
c) Odcedź laskę wanilii i podawaj.

GIN

74. Martini Cajun

SKŁADNIKI:
- 1 papryczka Jalapeño; pokrojone do łodygi
- ½ butelki ginu
- ½ butelki wermutu

INSTRUKCJE:
a) Dodaj jalapeño do butelki ginu i napełnij gin wermutem.
b) Przechowywać w lodówce przez 8 do 16 godzin.
c) Przelej do czystej butelki.

75.Żurawina Gin

SKŁADNIKI:
- 1 butelka ginu
- 6 uncji żurawiny
- 7 uncji cukru
- kilka blanszowanych migdałów; pęknięty
- 1 sztuka laski cynamonu
- Goździki

INSTRUKCJE:
a) Wlać gin do dzbanka.
b) Żurawinę nakłuj wykałaczką lub widelcem i włóż do pustej butelki po dżinie, aż będzie pełna do połowy.
c) Dodać cukier, migdały i przyprawy.
d) Wlej gin z powrotem, aby napełnić butelkę. Zakręć mocno.
e) Odstawić w ciepłe miejsce na kilka dni, od czasu do czasu potrząsając butelką, aż cukier się rozpuści.

76. Pomander Gin

SKŁADNIKI:
- 1 Pomarańcza Sewilla
- 2 Całe goździki
- 3 uncje cukru
- 1 butelka ginu

INSTRUKCJE:
a) Wbij goździki w pomarańczę, a następnie włóż pomarańczę i cukier do słoika z szeroką szyjką.
b) Dodaj gin i mieszaj, aż cukier się rozpuści.
c) Odstawić w chłodne miejsce na 3 miesiące.
d) Odcedź i wyrzuć substancje stałe.

77.Cytrynowy Ożywić Kardamon Gin

SKŁADNIKI:

- 4 strąki kardamonu
- 2 kawałki obranego imbiru, pokrojone w krążki
- 3 cytryny pokrojone w krążki
- 1-litrowy dżin

INSTRUKCJE:

a) Połącz strąki ginu, cytryny, imbiru i kardamonu w szklanym słoju.
b) Parz przez minimum 3 dni.
c) Odcedź ciała stałe.

78.Jabłko I Gruszka Gin

SKŁADNIKI:
- Butelka ginu o pojemności 750 ml
- 4 czerwone jabłka, pokrojone w plasterki
- 1 gruszka, pokrojona w plasterki
- 1/4 funta suszonych gruszek

INSTRUKCJE:
a) Wymieszaj gin i owoce w słoiku i wstrząśnij.
b) Zanurz go w ciemnym miejscu.
c) Odcedź owoce.

79. Zielony Herbata Gin

SKŁADNIKI:
DLA GINU Z ZIELONĄ HERBATĄ
- Gin w butelce o pojemności 750 ml
- 1/4 szklanki liści zielonej herbaty

DO SOLONEGO SYROPU MIODOWEGO PISTACJOWEGO
- 1/2 szklanki wody
- 1/2 szklanki solonych pistacji
- 1/2 szklanki miodu

INSTRUKCJE:
a) Połączyć wszystkie składniki i parzyć przez 2 godziny.
b) Odcedź liście herbaty.

BRANDY

80. Mandarynka Likier

SKŁADNIKI:

- 32 uncje brandy
- 2 funty organicznych mandarynek obranych i pokrojonych w plasterki
- ½ szklanki suszonej organicznej skórki słodkiej pomarańczy
- Prosty syrop

INSTRUKCJE:

a) Podziel skórkę pomiędzy dwa słoiki. Dodaj brandy do każdego słoika tak, aby znajdowała się około 2,5 cm nad górną częścią.
b) Odstawiamy słoiki do zaparzenia, z dala od światła słonecznego, na minimum 2 dni.
c) Raz dziennie potrząsaj słoikami.
d) Odcedź owoce z brandy.
e) Dodaj syrop cukrowy i butelkę.
f) Odstaw w chłodne i ciemne miejsce na minimum miesiąc.

81. Likier Amaretto

SKŁADNIKI:

- 1 szklanka syropu cukrowego
- ¾ szklanki wody
- 2 Suszone połówki moreli
- 1 łyżka ekstraktu migdałowego
- ½ szklanki czystego alkoholu zbożowego i
- ½ szklanki wody
- 1 szklanka brandy
- 3 krople żółtego barwnika spożywczego
- 6 kropli czerwonego barwnika spożywczego
- 2 krople niebieskiego barwnika spożywczego
- ½ łyżeczki gliceryny

INSTRUKCJE:

a) Gotuj, aż cały cukier się rozpuści.
b) Połącz połówki moreli, ekstrakt migdałowy i alkohol zbożowy z ½ szklanki wody i brandy.
c) Wymieszaj mieszaninę syropu cukrowego.
d) Zakręcić i zaparzać przez 2 dni. Usuń połówki moreli.
e) Dodaj barwnik spożywczy i glicerynę.
f) Ponownie strome przez 1 do 2 miesięcy.

82. Likier morelowy

SKŁADNIKI:
- 1 szklanka wody
- 1 funt suszonych, pestkowych moreli
- 1 łyżka cukru pudru
- 1 szklanka pokrojonych migdałów
- 2 szklanki brandy
- 1 szklanka cukru
- 1 szklanka wody

INSTRUKCJE:
a) Morele namoczyć w przegotowanej wodzie na 10 minut.
b) Odlej pozostałą wodę.
c) Połącz morele, cukier puder, migdały i brandy.
d) Dobrze wymieszaj, aby wymieszać.
e) Szczelnie zakręcić i odstawić w chłodne, ciemne miejsce na minimum 2 tygodnie.
f) Odcedź płyn.
g) Połącz cukier i wodę na patelni.
h) Doprowadzić do wrzenia na średnim ogniu.
i) Gotuj, aż cukier całkowicie się rozpuści.
j) Dodaj syrop cukrowy.
k) Rozlać do butelek i szczelnie zakręcić.
l) Parzyć co najmniej 1 miesiąc przed podaniem.

83. Malina likier

SKŁADNIKI:

- 4 szklanki czystych, suchych malin
- 4 szklanki brandy
- 1 szklanka syropu cukrowego

INSTRUKCJE:

a) Połącz maliny i brandy w słoiku.
b) Zapieczętować i parzyć na nasłonecznionym parapecie przez 2 miesiące.
c) Do likieru malinowego dodać syrop cukrowy.
d) Odcedź i przechowuj.

84. Brandy jabłkowo-cynamonowa

SKŁADNIKI:
- 1 funt czerwonych jabłek, pokrojonych w ćwiartki i wydrążonych
- 1 laska cynamonu
- 2 całe goździki
- 3 szklanki brandy
- 1 szklanka cukru
- 1 szklanka wody

INSTRUKCJE:
a) Połącz jabłka, laski cynamonu, goździki i brandy w słoiku.
b) Szczelnie zakręcić i odstawić w chłodne, ciemne miejsce na 2 tygodnie.
c) Odcedź płyn.
d) Połącz cukier i wodę na patelni. Doprowadzić do wrzenia na średnim ogniu.
e) Gotuj, aż cukier się rozpuści.
f) Dodaj syrop cukrowy.
g) Rozlać do butelek i szczelnie zakręcić.
h) Parzyć co najmniej 1 miesiąc przed podaniem.

85. Kalifornia jajeczny

SKŁADNIKI:
- 1 kwarta ajerkoniaku przygotowanego na zimno
- 1 ½ szklanki brandy morelowej
- ¼ szklanki Triple Sec
- Gałka muszkatołowa, do dekoracji

INSTRUKCJE:
a) W dzbanku wymieszaj ajerkoniak, brandy morelową i Triple Sec.
b) Przykryj i przechowuj w lodówce przez co najmniej cztery godziny, aby wymieszać smaki.
c) Udekoruj gałką muszkatołową.

86. wiśnia Brandy

SKŁADNIKI:
- ½ funta wiśni Bing. wynikało
- ½ funta cukru granulowanego
- 2 szklanki brandy

INSTRUKCJE:
a) Włóż wiśnie do 1-litrowego słoika.
b) Posyp wiśnie cukrem.
c) Wlać brandy do cukru i wiśni.
d) Strome przez 3 miesiące. NIE WSTRZĄSAJ.
e) Przelej do butelki.

87. Likier Migdałowy

SKŁADNIKI:

- 1 szklanka syropu cukrowego
- 2 szklanki wódki
- 2 szklanki brandy
- 2 łyżeczki ekstraktu migdałowego

INSTRUKCJE:

a) Połącz syrop cukrowy, wódkę, brandy i ekstrakt migdałowy.
b) Rozlać do butelek.
c) Parzyć co najmniej 1 miesiąc przed podaniem.

88. Likier gruszkowy

SKŁADNIKI:
- 1 funt twardych, dojrzałych gruszek, wydrążonych i pokrojonych w kostkę
- 2 całe goździki
- 1 szklanka brandy
- 1 1-calowa laska cynamonu
- szczypta gałki muszkatołowej
- 1 szklanka cukru

INSTRUKCJE:
a) Połącz goździki, cynamon, gałkę muszkatołową, cukier i brandy.
b) Parzyć przez 2 tygodnie.
c) Codziennie wstrząsaj słoiczkiem. Odcedź płyn.

89. Ożywić Likier

SKŁADNIKI:
- 2 uncje świeżego korzenia imbiru, obranego
- laska wanilii
- 1 szklanka cukru
- 1 ½ szklanki wody
- Skórka z 1 organicznej pomarańczy
- 1 ½ szklanki brandy

INSTRUKCJE:
a) Na patelni zagotuj imbir, laskę wanilii, cukier i wodę.
b) Dusić przez 20 minut.
c) Zdjąć z ognia i ostudzić.
d) Syrop przelać do słoiczka, dodać skórkę lub skórkę pomarańczową i brandy.
e) Zakręć, wstrząśnij i odstaw na jeden dzień.
f) Wyjmij laskę wanilii i pozostaw do zaparzenia jeszcze przez jeden dzień.
g) Przecedzić do butelki i parzyć przez 2 tygodnie przed użyciem.

90. Kawa wanilia likier

SKŁADNIKI:

- 2 uncje dobrej kawy rozpuszczalnej
- 2 szklanki cukru
- 4 uncje posiekanej wanilii
- 1-2 laski wanilii z Madagaskaru lub Tahitian
- brandy z butelki

INSTRUKCJE:

a) Podgrzej wodę, kawę i cukier i zagotuj.
b) Zdjąć z ognia i ostudzić.
c) Dodaj 4 uncje wanilii.
d) Dodajemy kawę/cukier/wodę /brandy i mieszamy.
e) Strome przez dwa do trzech miesięcy.
f) Odcedź laskę wanilii.

91. Kardamon-rys Brandy

SKŁADNIKI:

- 2 całe strąki kardamonu
- 1 szklanka suszonych lub świeżych fig, przekrojonych na pół
- 32 uncje brandy _

INSTRUKCJE:

a) Połącz wszystkie składniki.
b) Przykryj szczelnie i odstaw w chłodne, ciemne miejsce na minimum 2 dni.

92. Śliwka-Cynamon Brandy

SKŁADNIKI:
- 2 śliwki lub suszone śliwki, pozbawione pestek i pokrojone na ćwiartki
- garść lasek cynamonu
- 32 uncje brandy _

INSTRUKCJE:
a) Składniki naparu zalać alkoholem, szczelnie zakręcić,
b) Odstawić w chłodne i ciemne miejsce na minimum 2 dni.

93. Chai-Gruszka Brandy

SKŁADNIKI:
- 2–3 torebki herbaty chai
- 2 gruszki pokrojone w plasterki
- 32 uncje brandy _

INSTRUKCJE:
a) Zanurz 2–3 torebki herbaty chai w brandy.
b) Stroma brandy z 2 gruszkami przez 2 dni.

KONIAK

94. Wielki likier pomarańczowo-koniakowy

SKŁADNIKI:
- ½ szklanki cukru granulowanego
- 2 szklanki koniaku lub francuskiej brandy
- ⅓ szklanki skórki pomarańczowej
- ½ łyżeczki gliceryny

INSTRUKCJE:
a) W misce umieść skórkę i cukier.
b) Rozgnieć i wymieszaj tłuczkiem, aż cukier się wchłonie.
c) Umieścić w pojemniku do moczenia. Dodaj koniak.
d) Wymieszaj, zakręć i odstaw w chłodne, ciemne miejsce na 2 do 3 miesięcy.
e) Po wstępnym namoczeniu przelać przez gęste sitko.
f) Wlać glicerynę do pojemnika do namaczania i umieścić płócienny woreczek w sitku.
g) Przecedź przez szmatkę.
h) Mieszamy drewnianą łyżką do połączenia.
i) Strome przez kolejne 3 miesiące.

95.Świeże figi Curacao

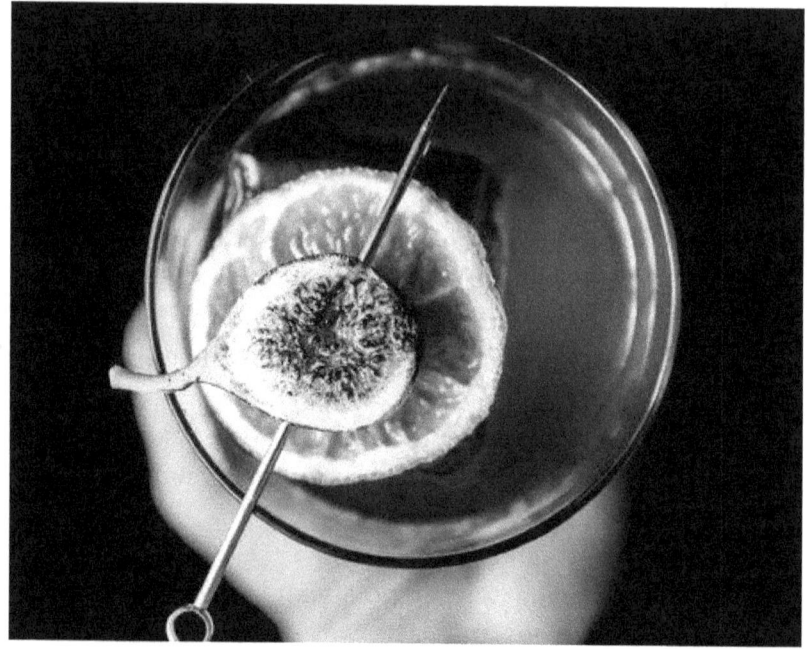

SKŁADNIKI:
- 12 fig, obranych i poćwiartowanych
- 1 łyżka koniaku
- 1 szklanka bitej śmietanki
- ⅓ szklanki Curacao

INSTRUKCJE:
a) Marynuj figi w koniaku przez 30 minut lub dłużej.
b) Wymieszaj śmietanę i Cura c ao.
c) Złożyć figi.

96. Napar z Chai Koniak

SKŁADNIKI:
- 8 uncji koniaku
- 2 torebki herbaty chai

INSTRUKCJE:
a) W słoiku wymieszaj koniak z torebkami herbaty.
b) Parzyć przez 2 godziny.
c) Przecedzić do hermetycznego pojemnika.

97.Z dodatkiem wiśni Koniak

SKŁADNIKI:
- 33 uncje koniaku
- 0,15 uncji lasek wanilii
- 23 uncje Czereśnia bez pestek
- 7 uncji cukru pudru

INSTRUKCJE:
a) Napełnij dwulitrowy słoik pestkami wiśni.
b) Dodać cukier puder, laskę wanilii i koniak.
c) Zamknij słoik i zaparzaj przez 2 tygodnie

98.Figowy i Grand Marnier

SKŁADNIKI:
- 1/4 uncji prostego syropu
- 3/4 uncji Grand Marnier
- 1/2 uncji świeżego soku pomarańczowego
- 2 uncje koniaku z dodatkiem fig
- 1/2 uncji świeżego soku z cytryny

INSTRUKCJE:
a) Połącz koniak, Grand Marnier, sok z cytryny, sok pomarańczowy i syrop cukrowy.
b) Dobrze wstrząśnij i zaparzaj przez kilka godzin.
c) Przecedź dwukrotnie do szklanki.

99.Brzoskwinia Natchniony Koniak

SKŁADNIKI:
- 500 ml koniaku
- 8 całych suszonych brzoskwiń, posiekanych

INSTRUKCJE:
a) Włóż brzoskwinie do szklanki.
b) Koniak wlać do pojemnika, wymieszać i przykryć.
c) Strome przez 24 godziny, z dala od światła.
d) Odcedź brzoskwinie.

100. Likier Ananasowo-Pomarańczowy Bitters

SKŁADNIKI:
- 1/2 uncji koniaku z dodatkiem ananasa
- 1/4 uncji likieru maraschino
- 1 odrobina orange Bitters
- 1 kropla Angostura orange Bitters

INSTRUKCJE:
a) Połącz koniak, likier maraschino i orange Bitters.
b) Mieszaj do połączenia.
c) Strome przez kilka godzin.

WNIOSEK

Mamy nadzieję, że dotarliśmy do ostatnich stron „Najlepszego przewodnika po koktajlach botanicznych" i mamy nadzieję, że ta podróż przez miksologię od ogrodu do szkła wywołała podekscytowanie w Twoich kubkach smakowych. Świat koktajli botanicznych to świadectwo sztuki tworzenia napojów, które nie tylko orzeźwiają, ale i rozbudzają zmysły esencją natury.

Od pikantnych nut cytrusowych po aromatyczne zioła, które tańczą na podniebieniu, te 100 szybkich i łatwych przepisów to celebracja alchemii, która pojawia się, gdy świeże składniki spotykają się z Twoimi ulubionymi alkoholami. Niezależnie od tego, czy piłeś te koktajle na ożywione spotkanie, czy też cieszyłeś się spokojną chwilą refleksji z ogrodowym napojem w dłoni, ufamy, że każdy łyk przeniósł Cię do miejsca botanicznej błogości.

Kontynuując eksplorację trendu „od ogrodu do szkła", zainspiruj się do eksperymentowania z własnymi kombinacjami, wnosząc piękno roślin do swoich wysiłków miksologicznych. Za niezliczoną ilość chwil brzęku kieliszków, śmiechu i zachwycającego smaku dobrodziejstw natury w każdym łyku. Zapraszamy na najlepsze koktajle botaniczne!

www.ingramcontent.com/pod-product-compliance
Lightning Source LLC
Chambersburg PA
CBHW071909110526
44591CB00011B/1604